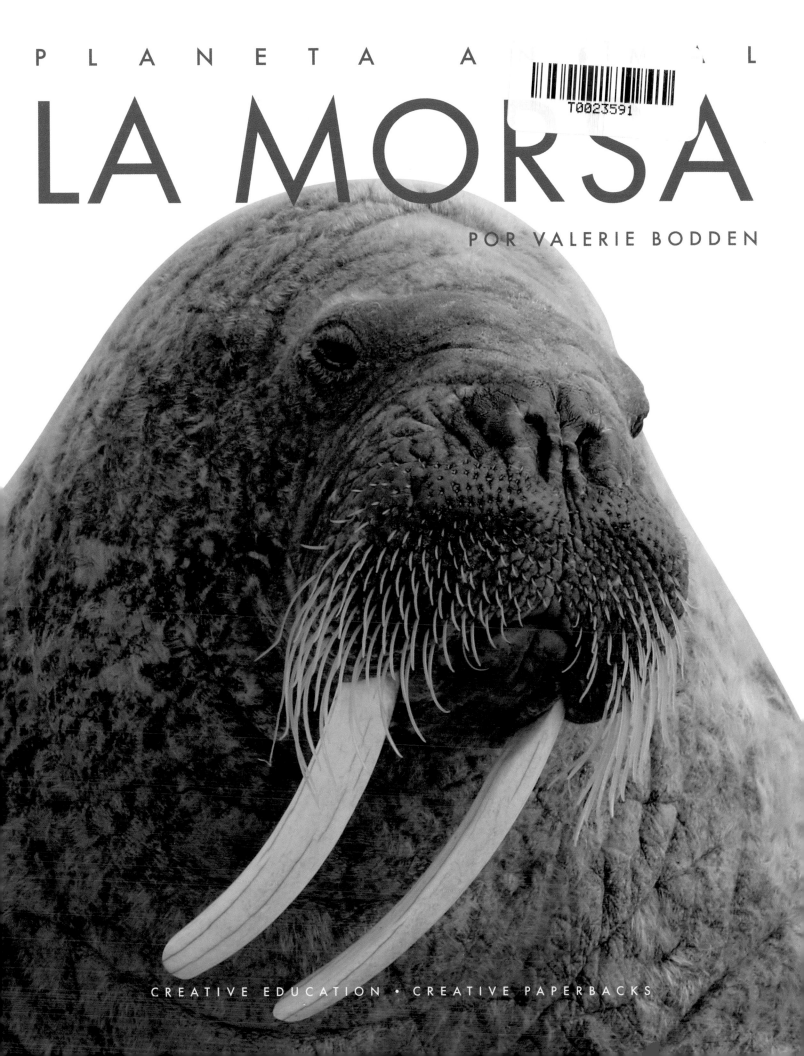

PLANETA ANIMAL
LA MORSA

POR VALERIE BODDEN

CREATIVE EDUCATION • CREATIVE PAPERBACKS

Publicado por Creative Education
y Creative Paperbacks
P.O. Box 227, Mankato, Minnesota 56002
Creative Education y Creative Paperbacks son marcas
editoriales de The Creative Company
www.thecreativecompany.us

Diseño de The Design Lab
Producción de Rachel Klimpel
Dirección de arte de Rita Marshall
Traducción de TRAVOD, www.travod.com

Fotografías de 123RF (amheruko, ericlefrancais), Alamy (Danita
Delimont, Aubrey Huggins, Nature Public Library), Getty (Paul
Souders), iStock (micheldenijs), National Geographic Creative
(PAUL NICKLEN), Shutterstock (Hal Brindley, slowmotiongli,
Paul Souders, zcw), SuperStock (NaturePL)

Library of Congress Cataloging-in-Publication Data
Names: Bodden, Valerie, author.
Title: La morsa / Valerie Bodden.
Other titles: Walruses. Spanish
Description: Mankato, Minnesota : Creative Education and Cre-
ative Paperbacks, [2023] | Series: Planeta Animal | Includes
bibliographical references and index. | Audience: Ages 6-9 |
Audience: Grades 2-3 | Summary: "Elementary-aged readers
will discover walrus's giant tusks. Full color images and clear
explanations highlight the habitat, diet, and lifestyle of these
fascinating animals." — Provided by publisher. Identifiers: LCCN
2022015817 (print) | LCCN 2022015818 (ebook) | ISBN
9781640266995 (library binding) | ISBN 9781682772553
(paperback) | ISBN 9781640008403 (ebook) Subjects:
LCSH: Walrus--Juvenile literature. Classification: LCC QL737.
P62 B63518 2023 (print) | LCC QL737.P62 (ebook) | DDC
599.79/9--dc23/eng/20220411. LC record available at
https://lccn.loc.gov/2022015817. LC ebook record available
at https://lccn.loc.gov/2022015818.

Tabla de contenido

La morsa puede mantenerse caliente en el agua fría.

La morsa pertenece a los animales llamados pinnípedos. Esto significa que es un **mamífero** que tiene **aletas**. Las focas y los leones marinos también son pinnípedos.

aletas partes planas y anchas del cuerpo que las morsas usan para nadar y caminar

mamífero animal que tiene pelo o pelaje y alimenta a sus crías con leche

La morsa usa sus colmillos para escalar en el hielo, para pelear y otras cosas.

La morsa tiene dos aletas delanteras y dos aletas traseras. Su cuerpo largo y grueso está cubierto por una piel marrón y arrugada. La morsa tiene ojos pequeños, **colmillos** grandes y más de 400 bigotes.

colmillos dientes grandes y puntiagudos que sobresalen de la boca

Una morsa puede llegar a medir hasta 12 pies (3,7 m) de largo. Los machos pueden pesar hasta 3.700 libras (1.678 kg). ¡Eso es lo que pesa un auto! Las hembras pesan más o menos la mitad que los machos.

La morsa tiene una capa gruesa de grasa bajo la piel.

Las morsas pueden saltar del hielo marino para sumergirse en el mar y atrapar su alimento.

La morsa vive en los mares del Ártico. Cada año, las morsas **migran**. En el verano, se quedan muy al norte. En el invierno, se desplazan hacia el sur. Pero siempre permanecen cerca del hielo marino.

Ártico la zona congelada alrededor del Polo Norte

migrar mudarse de un lugar a otro durante diferentes épocas del año

La morsa come cangrejos, almejas, estrellas de mar y pepinos de mar. A veces, también come peces o focas pequeñas. ¡Las morsas pueden comer 100 libras (45,4 kg) de comida al día!

Las aletas delanteras de la morsa tienen cinco dedos.

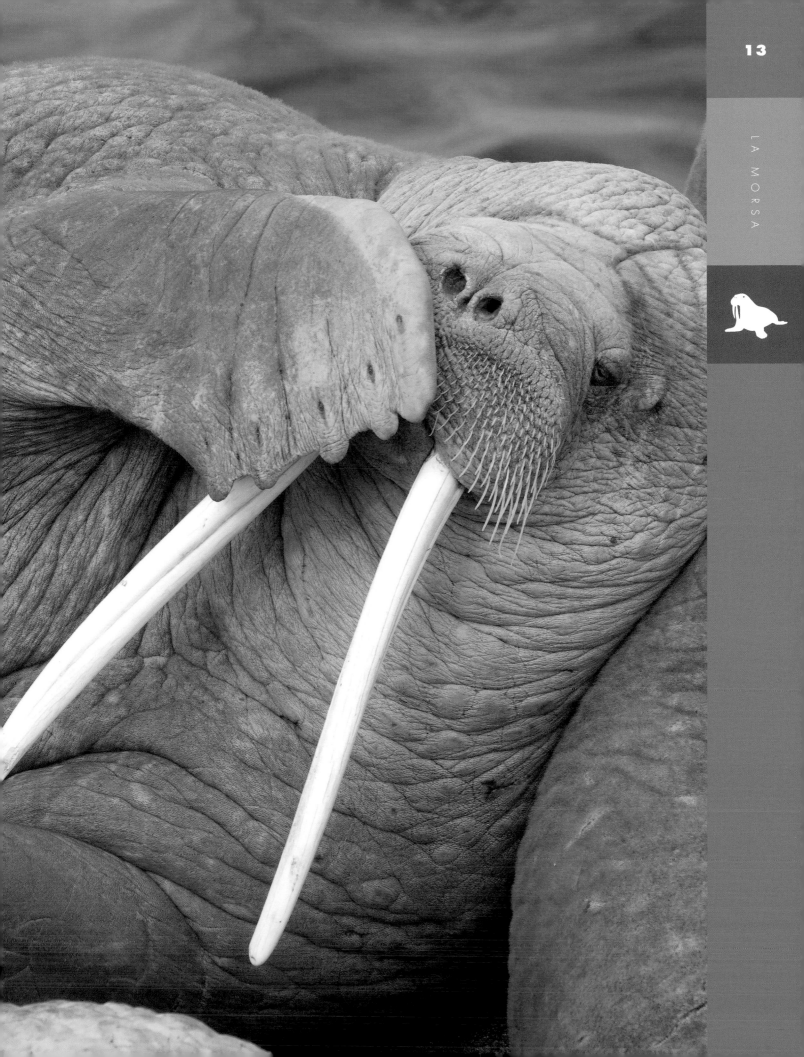

*Las crías se quedan
cerca de su madre.*

La madre da a luz a una **cría** cada dos años. La cría puede nadar casi inmediatamente después de nacer. Las hembras a veces se quedan toda la vida en la **manada** de su madre. Pero los machos dejan a su madre cuando cumplen cinco o seis años de edad. Las morsas pueden vivir hasta 40 años.

cría morsa bebé

manada grupo de morsas que viven juntas

La morsa pasa la mayor parte del tiempo en el agua. Usa sus bigotes para buscar alimento en el suelo marino. Nada hacia la superficie para respirar aire. Las morsas pueden permanecer hasta 25 minutos bajo el agua.

La profundidad máxima a la que nadan la mayoría de las morsas es de 262 pies (80 m).

Cuando no están en el agua, las morsas se reúnen sobre el hielo o la tierra. ¡Un grupo de morsas puede ser algo ruidoso! Las morsas gruñen, gimen, ladran y resoplan.

A las morsas de una manada les gusta mantenerse muy cerca las unas de las otras.

En todo el mundo, a la gente le encantan las morsas. Muchas personas las ven en zoológicos. Otras viajan para verlas en la naturaleza. ¡Es divertido observar a estos grandes animales marinos dormir, nadar y caminar sobre sus aletas!

Comúnmente, las morsas nadan a una velocidad de unas 4,3 millas (6,9 km) por hora.

Un cuento del morsa

En Alaska, la gente contaba una historia sobre cómo las morsas obtuvieron sus colmillos. Decían que el Anciano y la Anciana crearon a todos los animales. Un día, el Anciano creó a un caribú con colmillos. La Anciana creó a una morsa con astas. Pero estos animales eran muy difíciles de cazar. Así que el Anciano y la Anciana los cambiaron. Desde entonces, el caribú tiene astas y la morsa, colmillos.

Índice